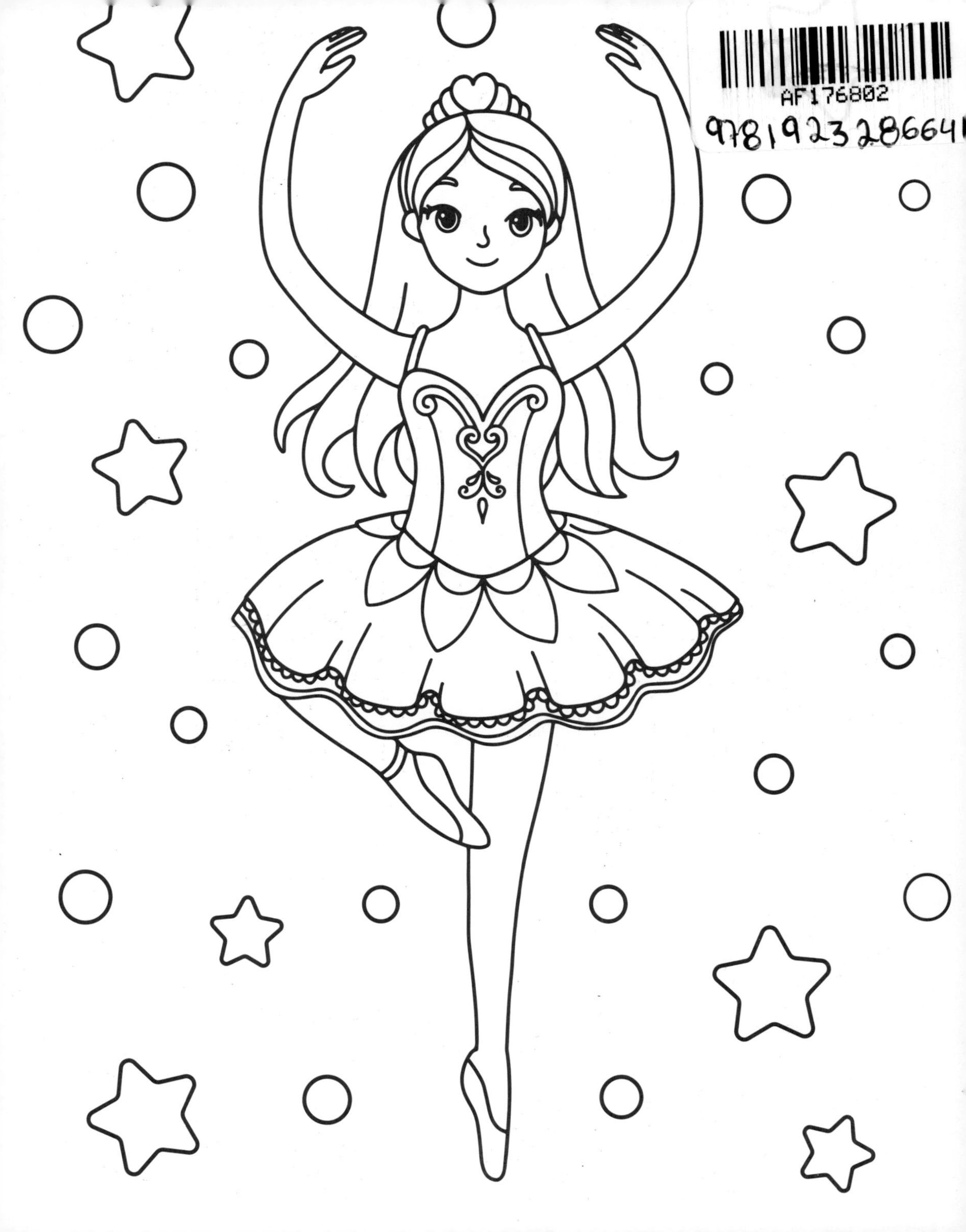

AF176802
9781923286641

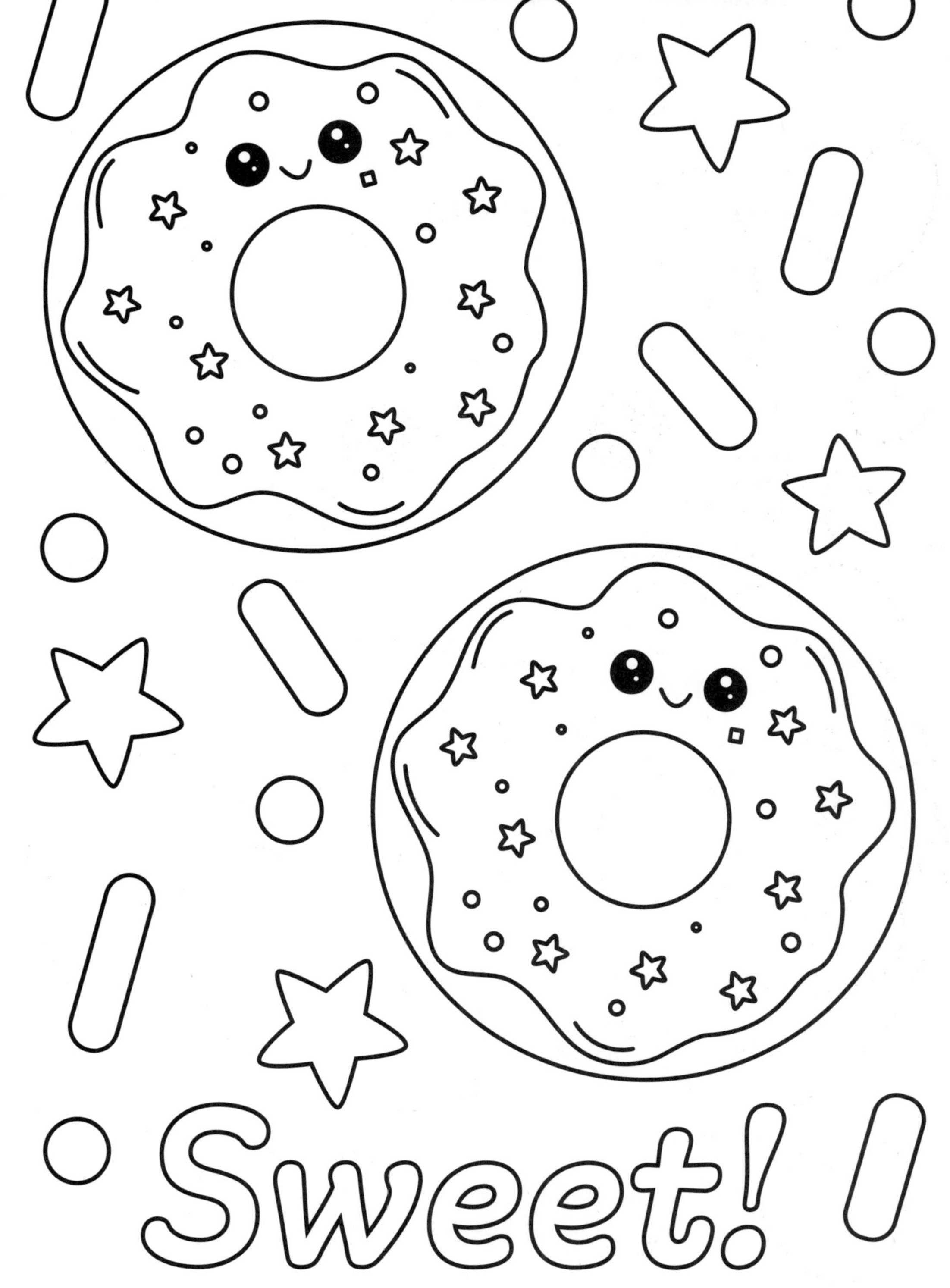
Sweet!

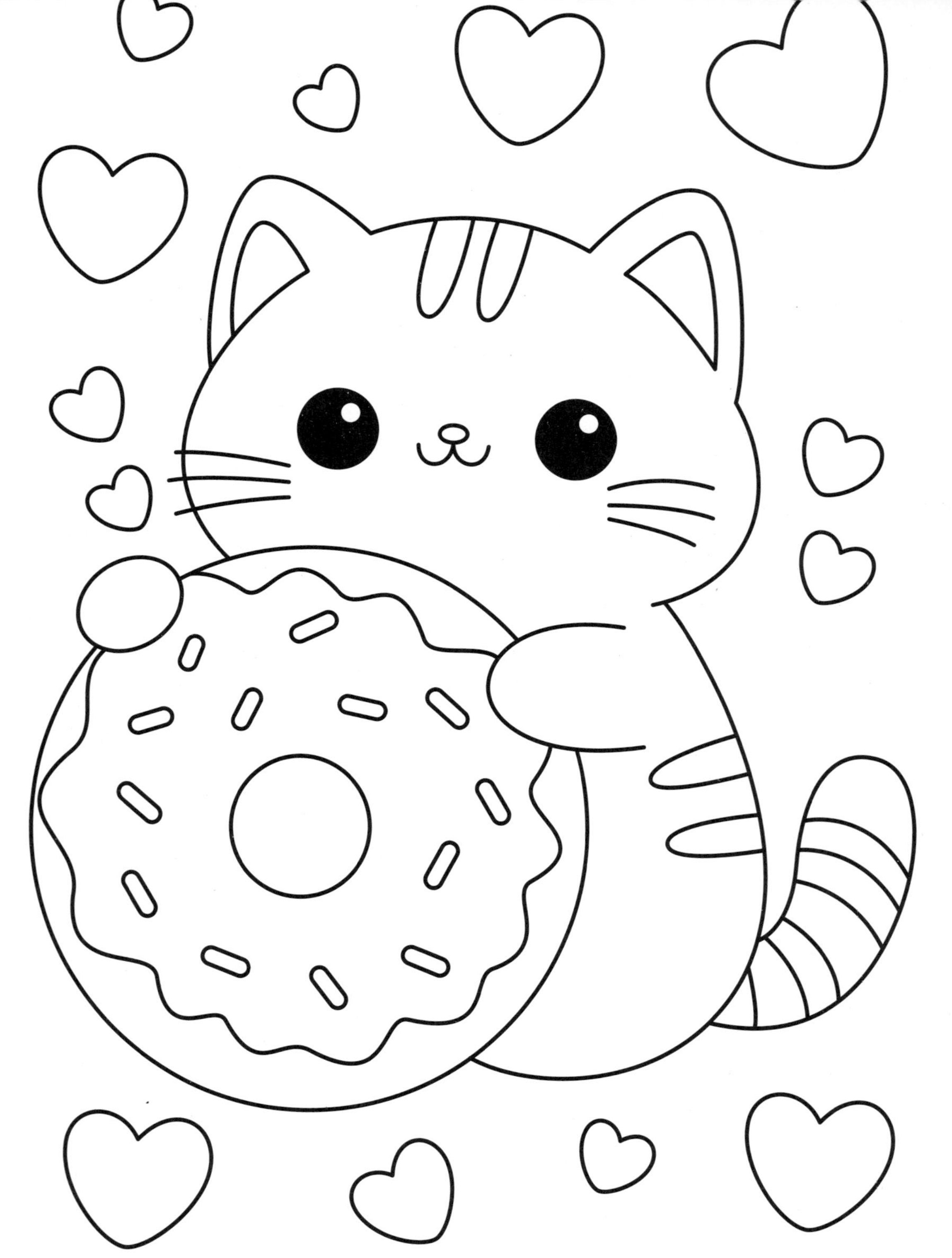

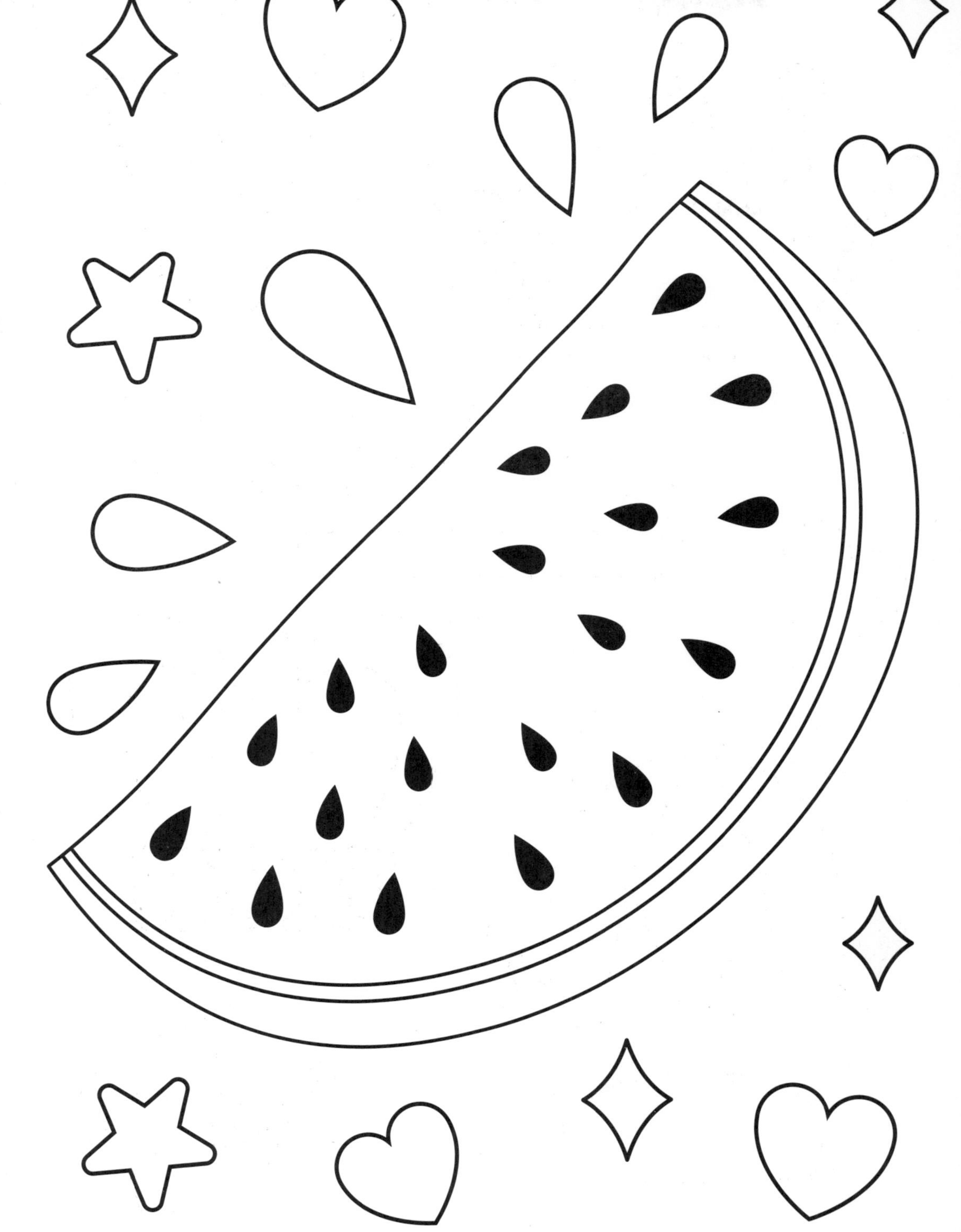

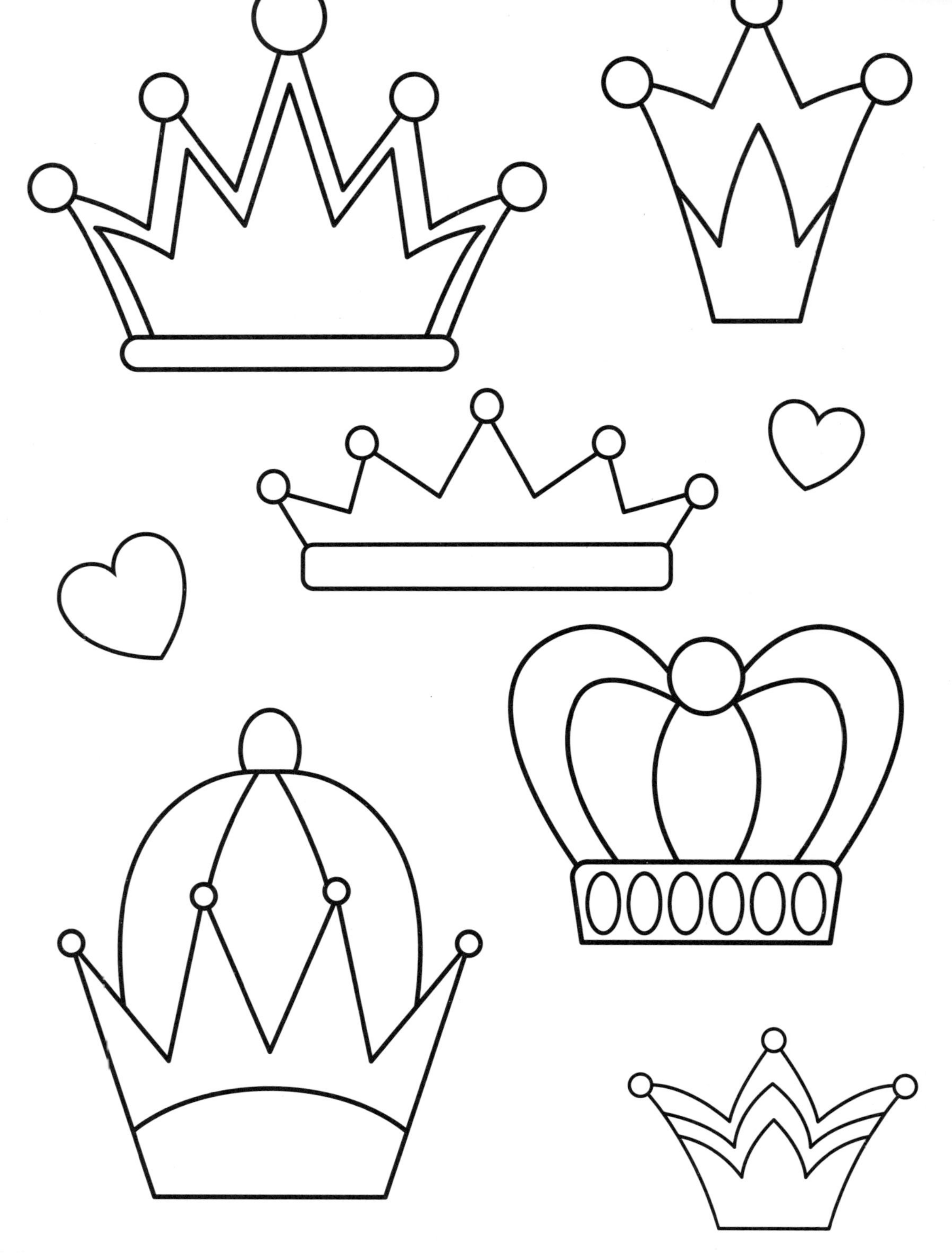

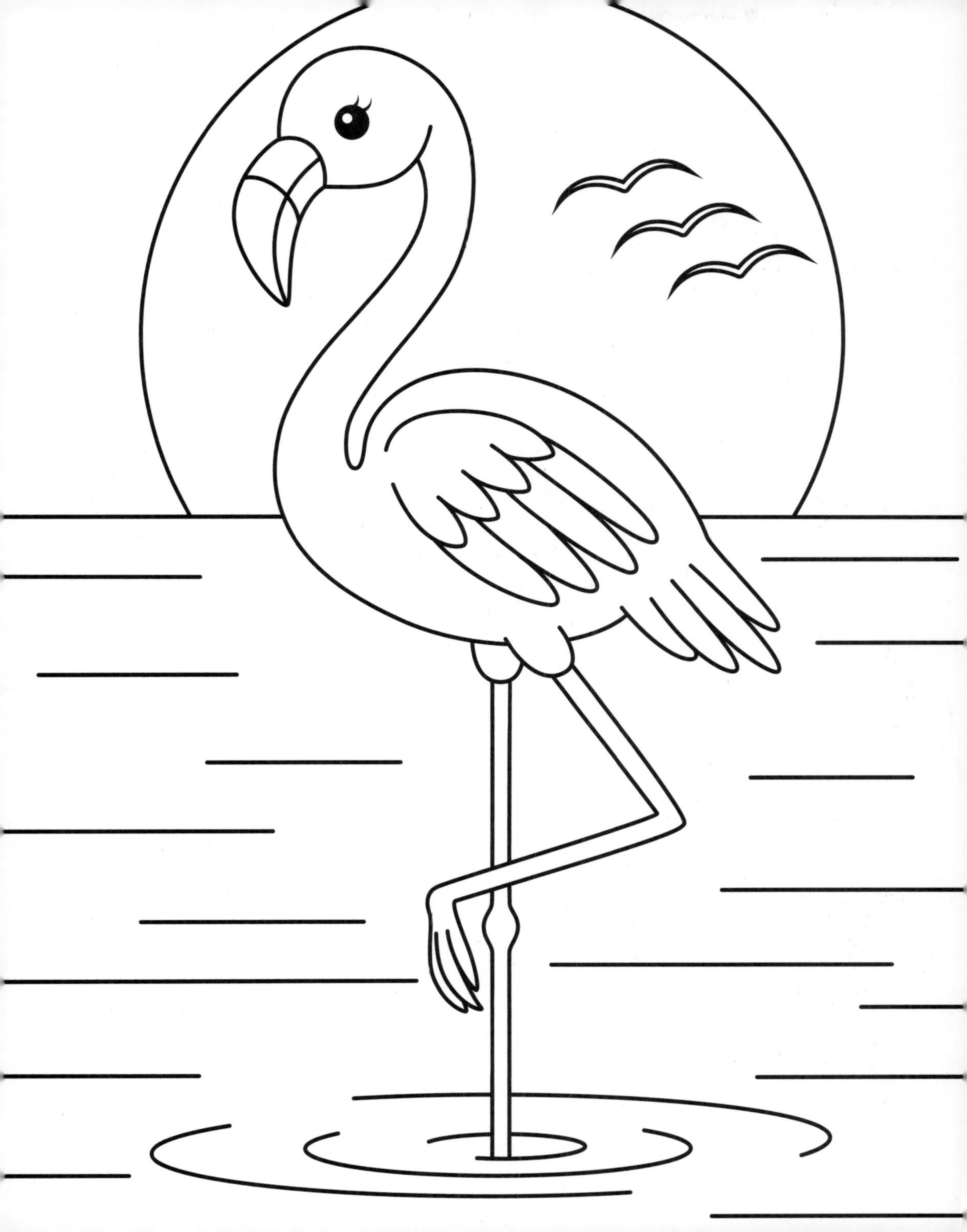

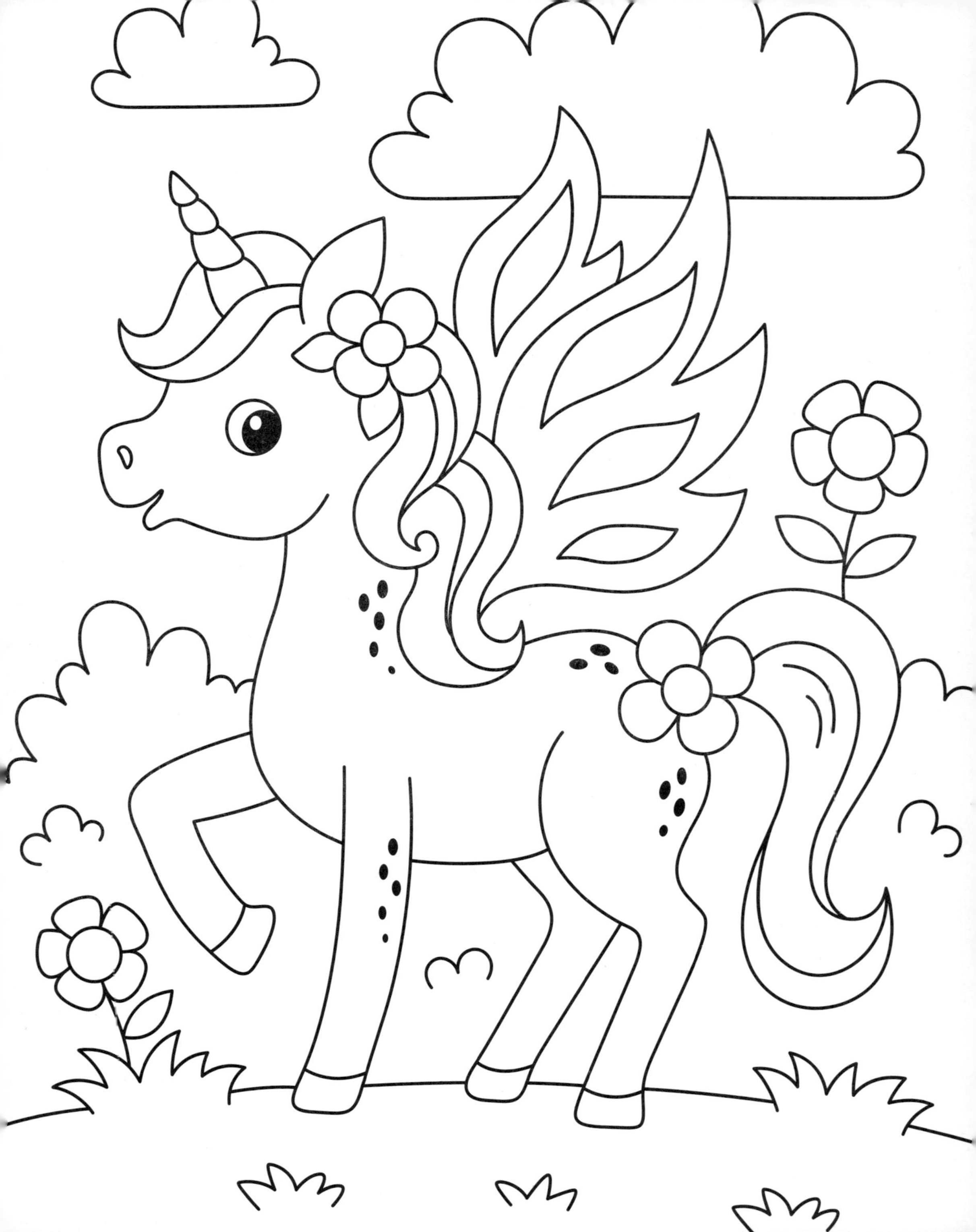

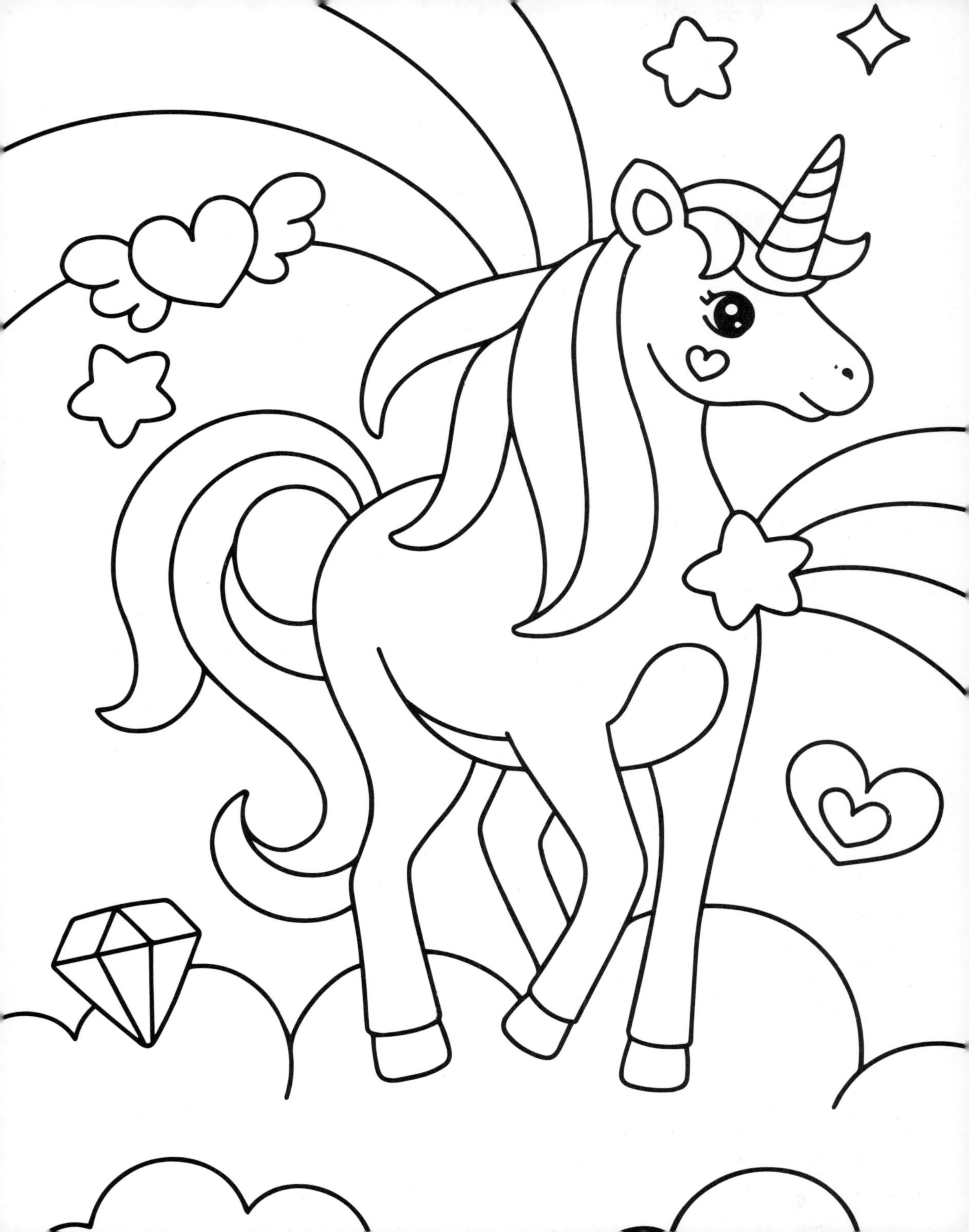

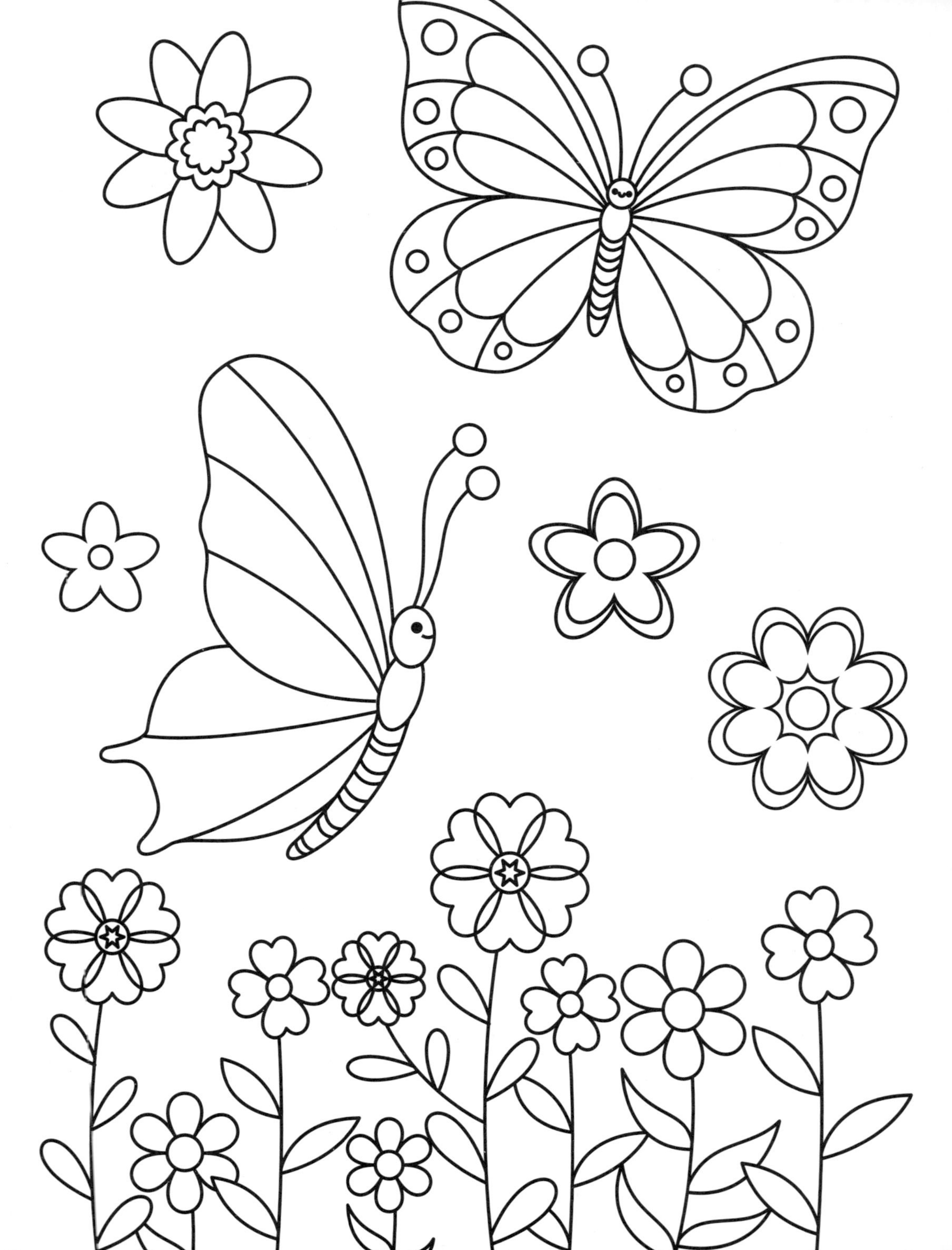

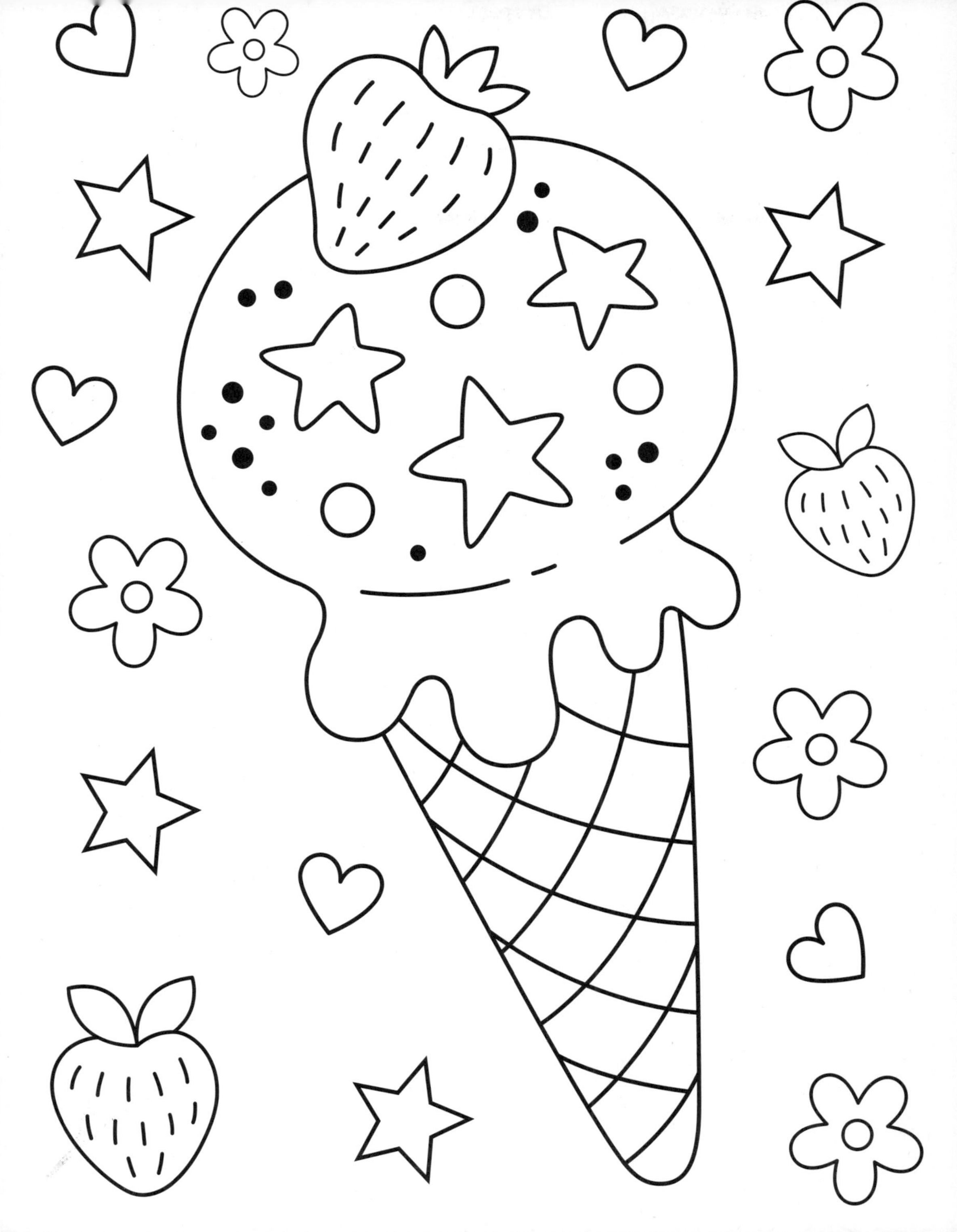

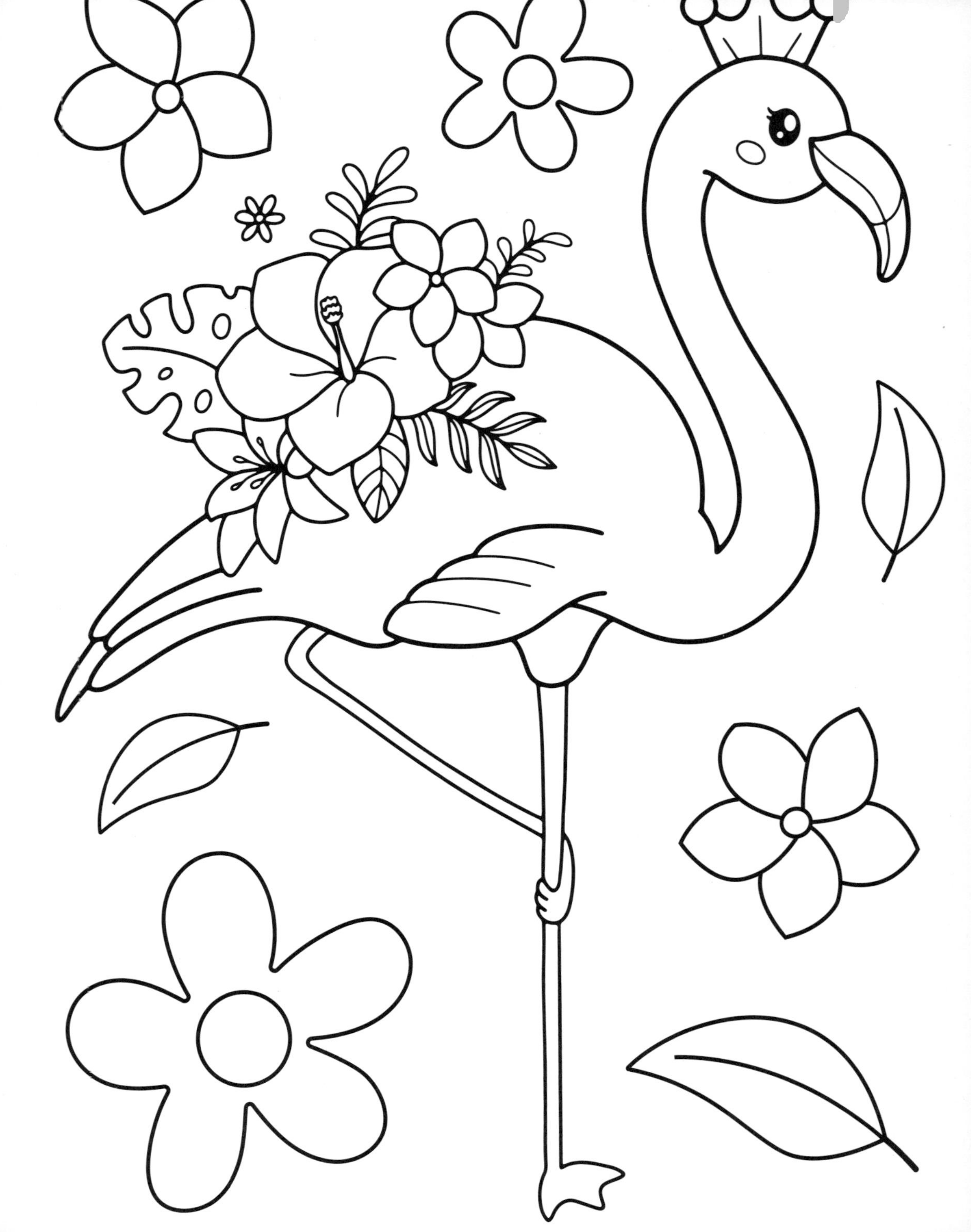

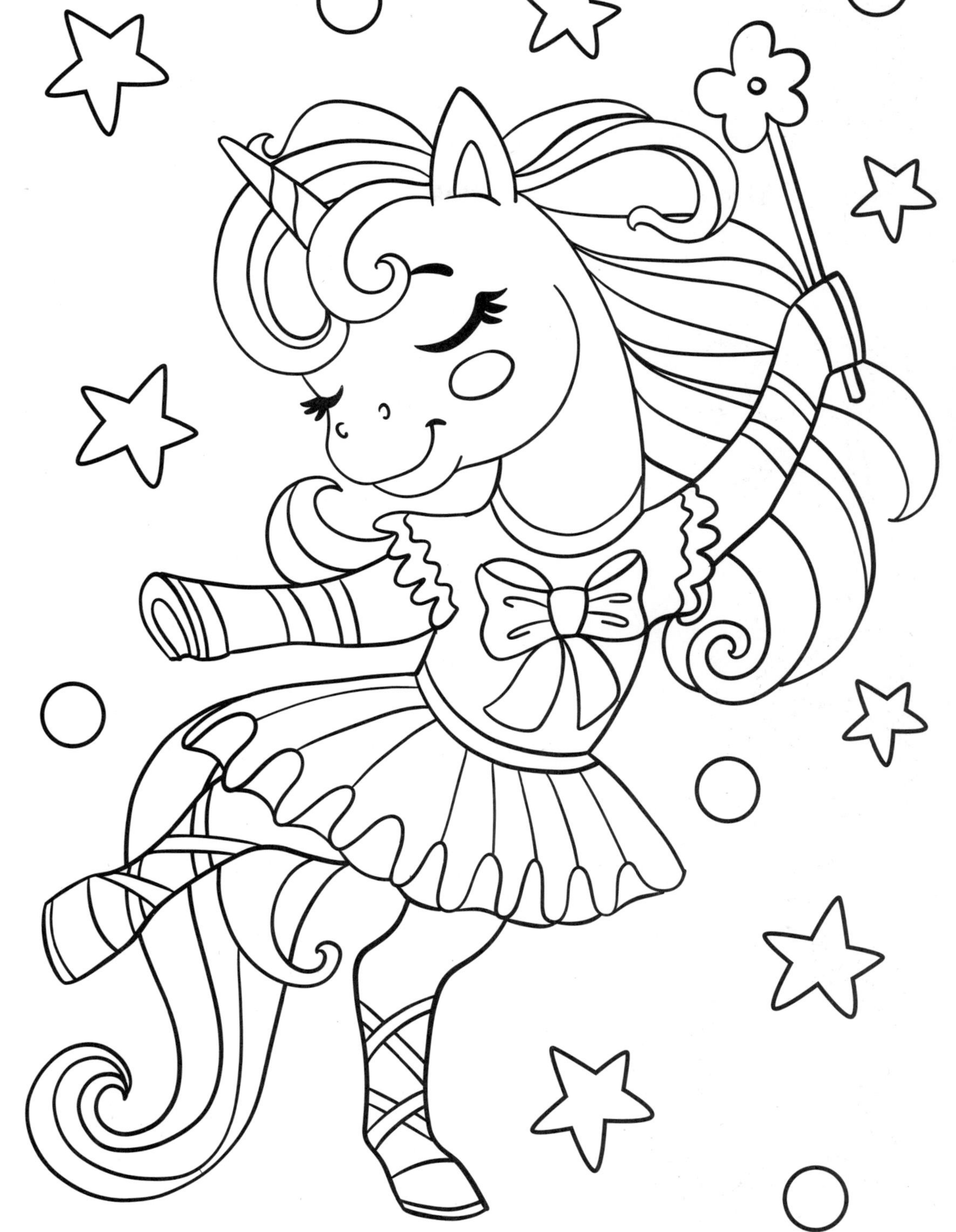

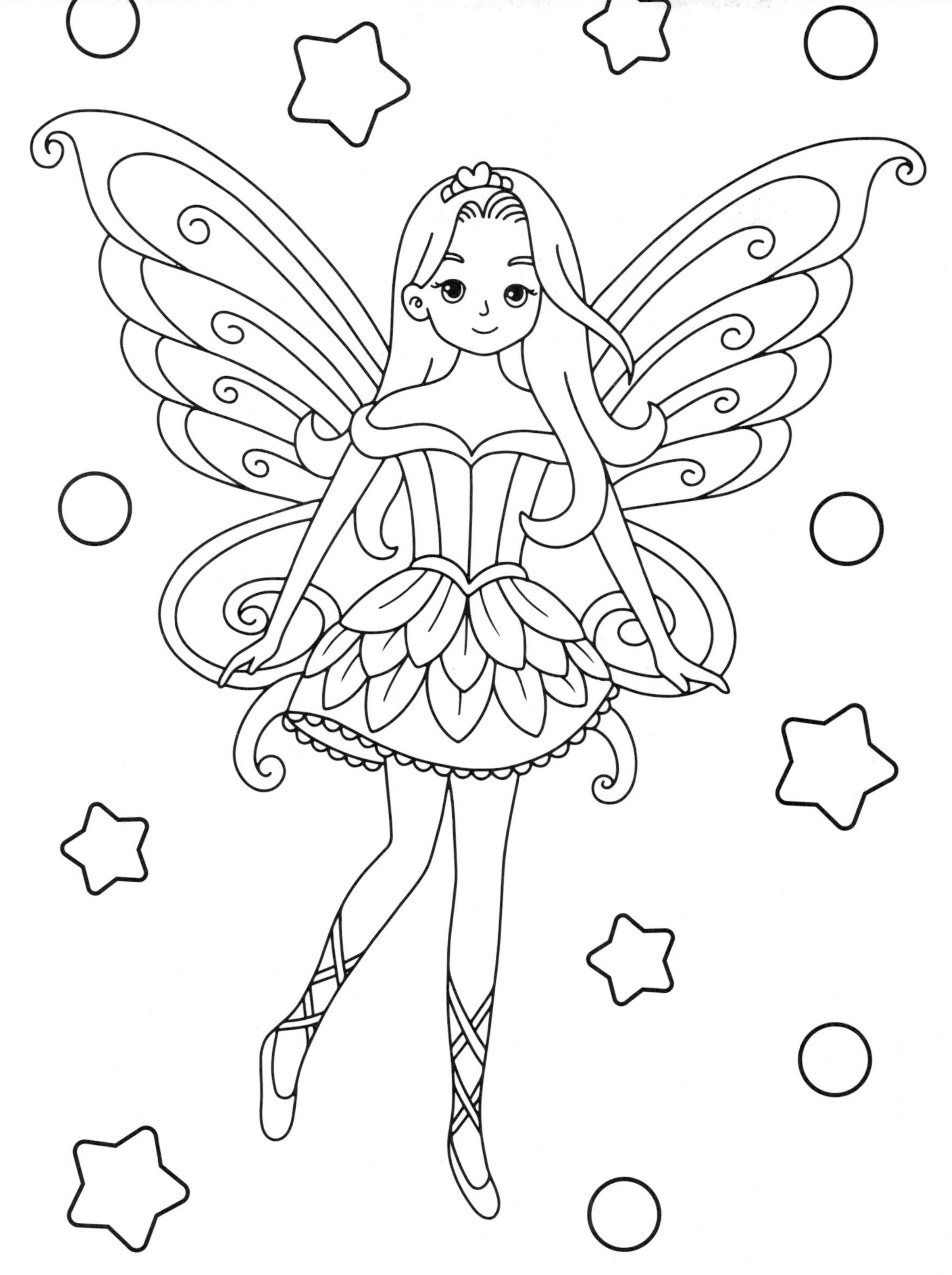

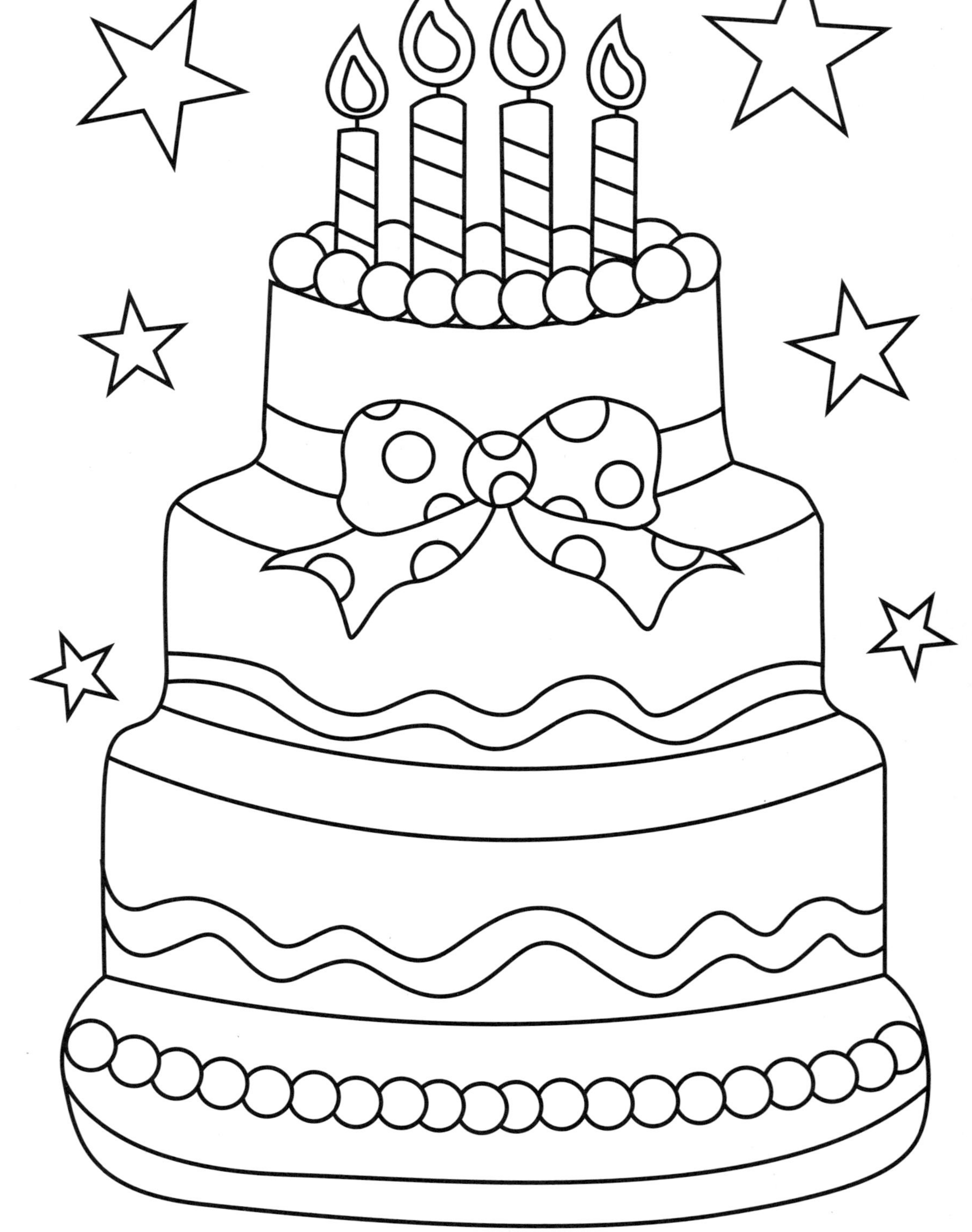

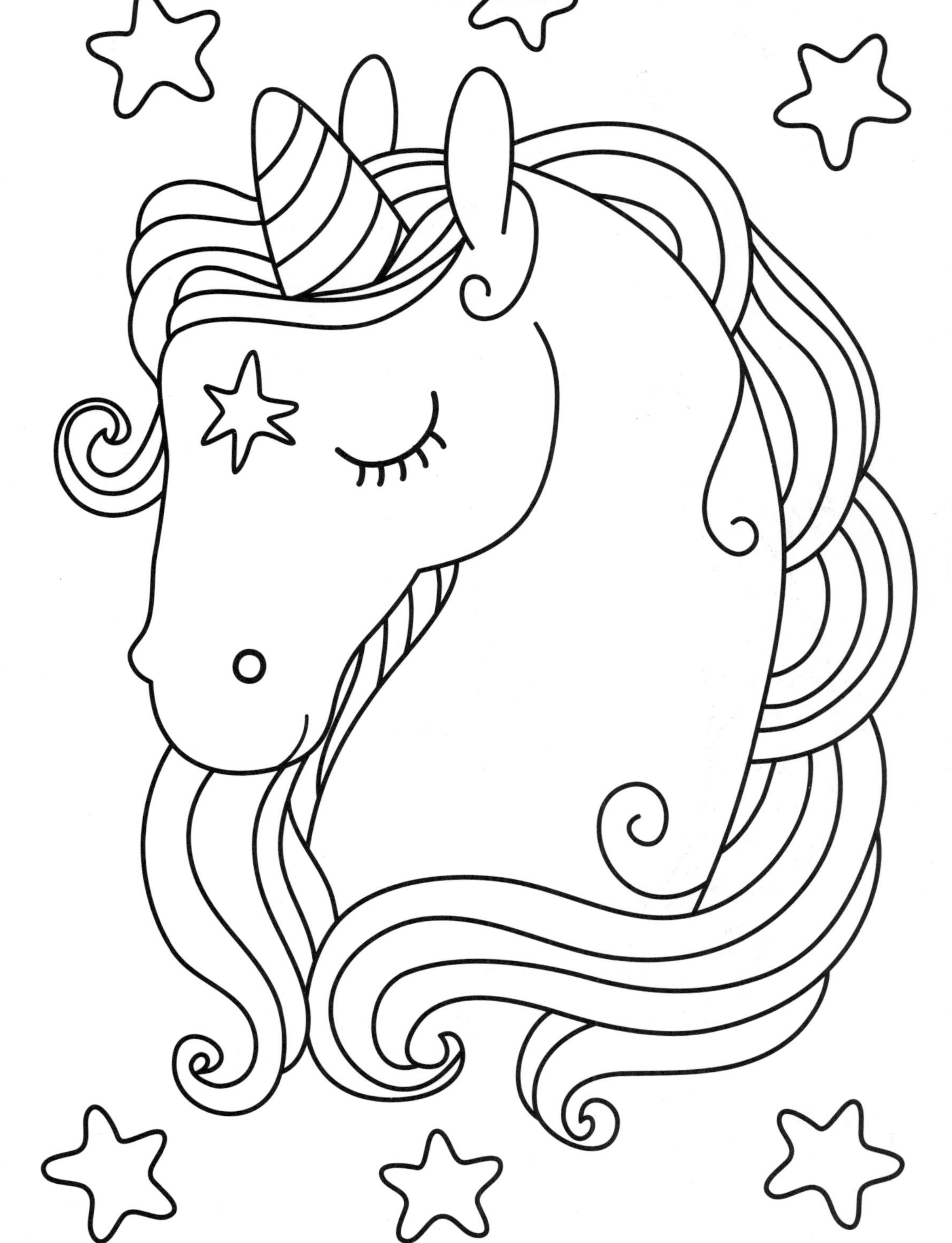

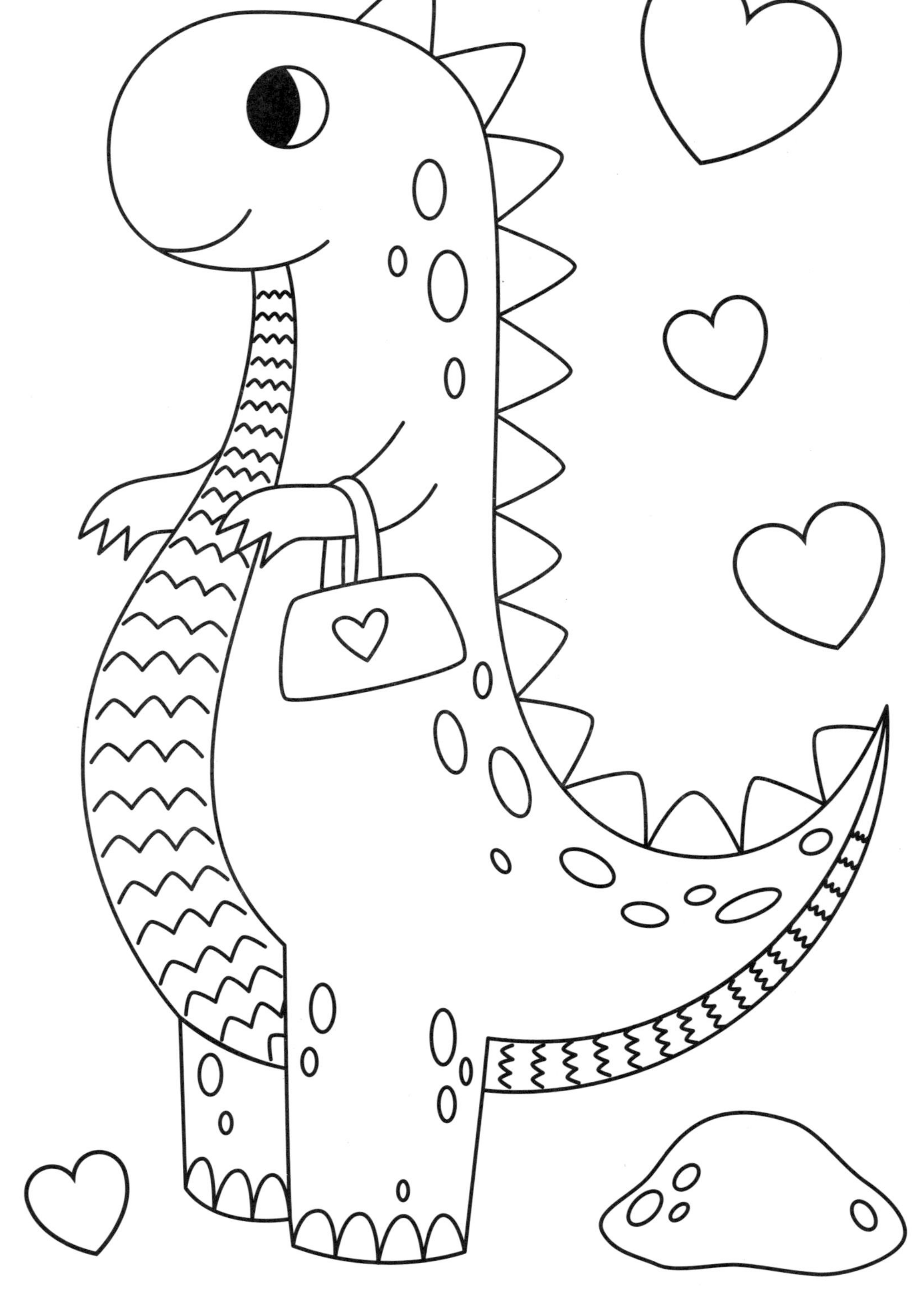

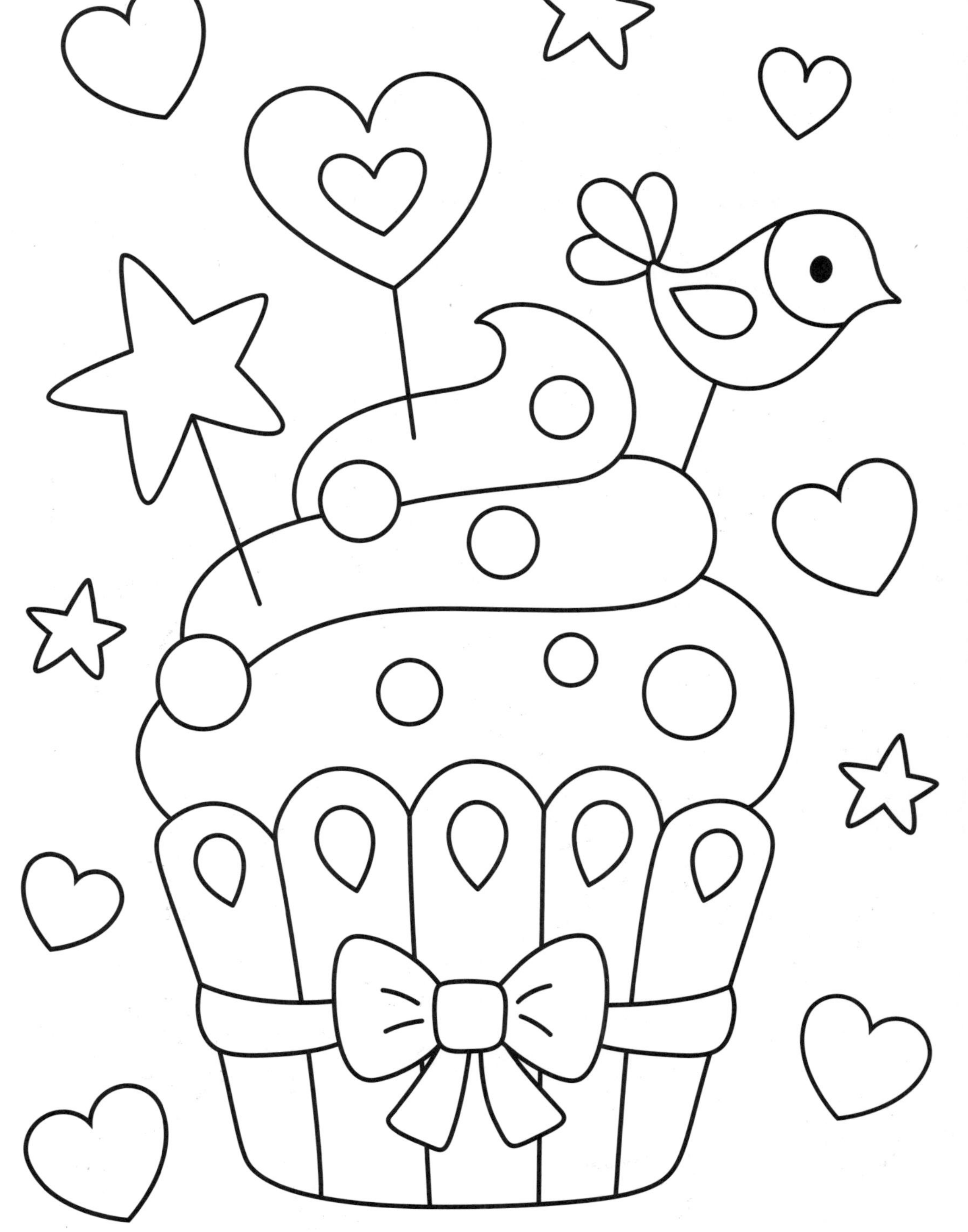

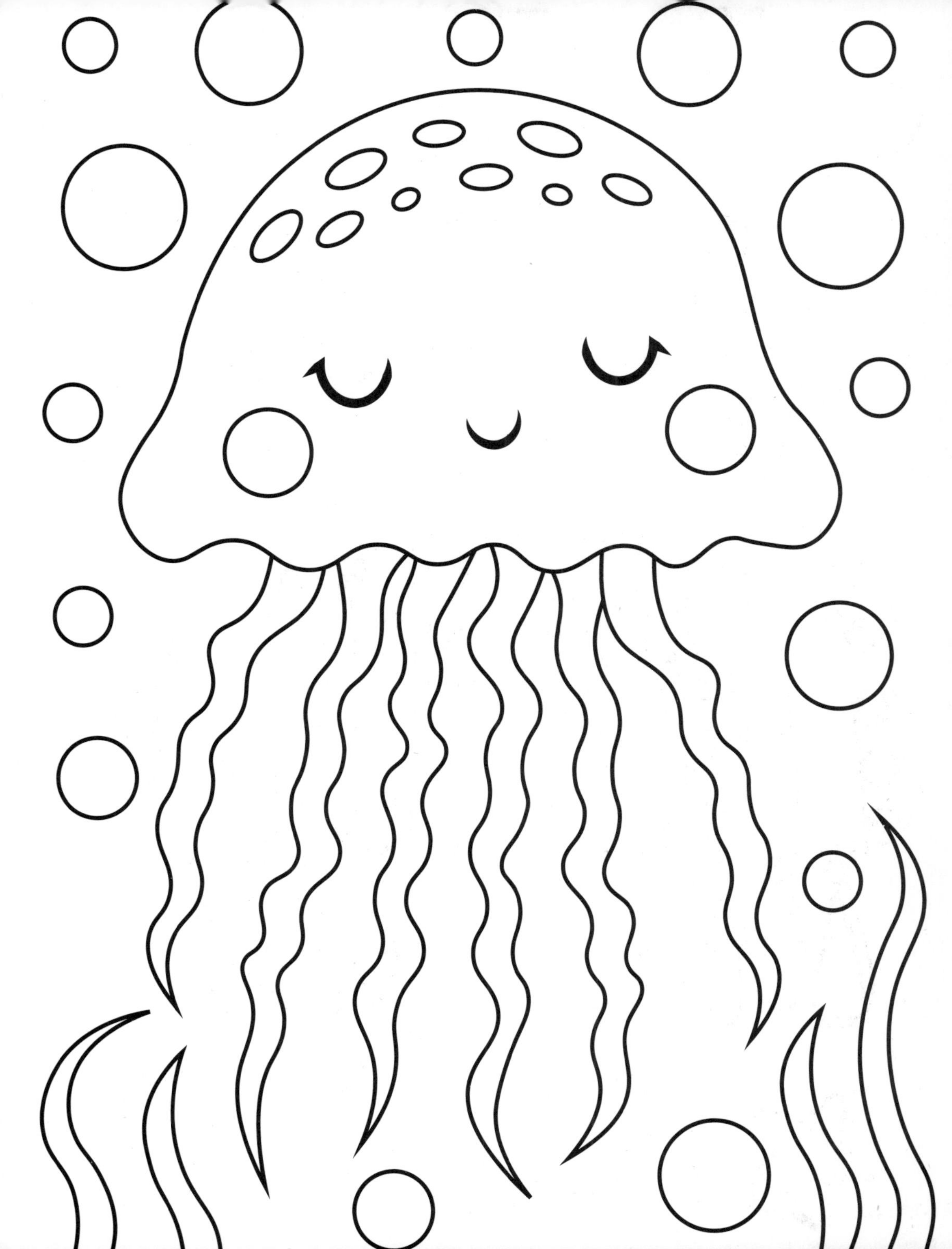

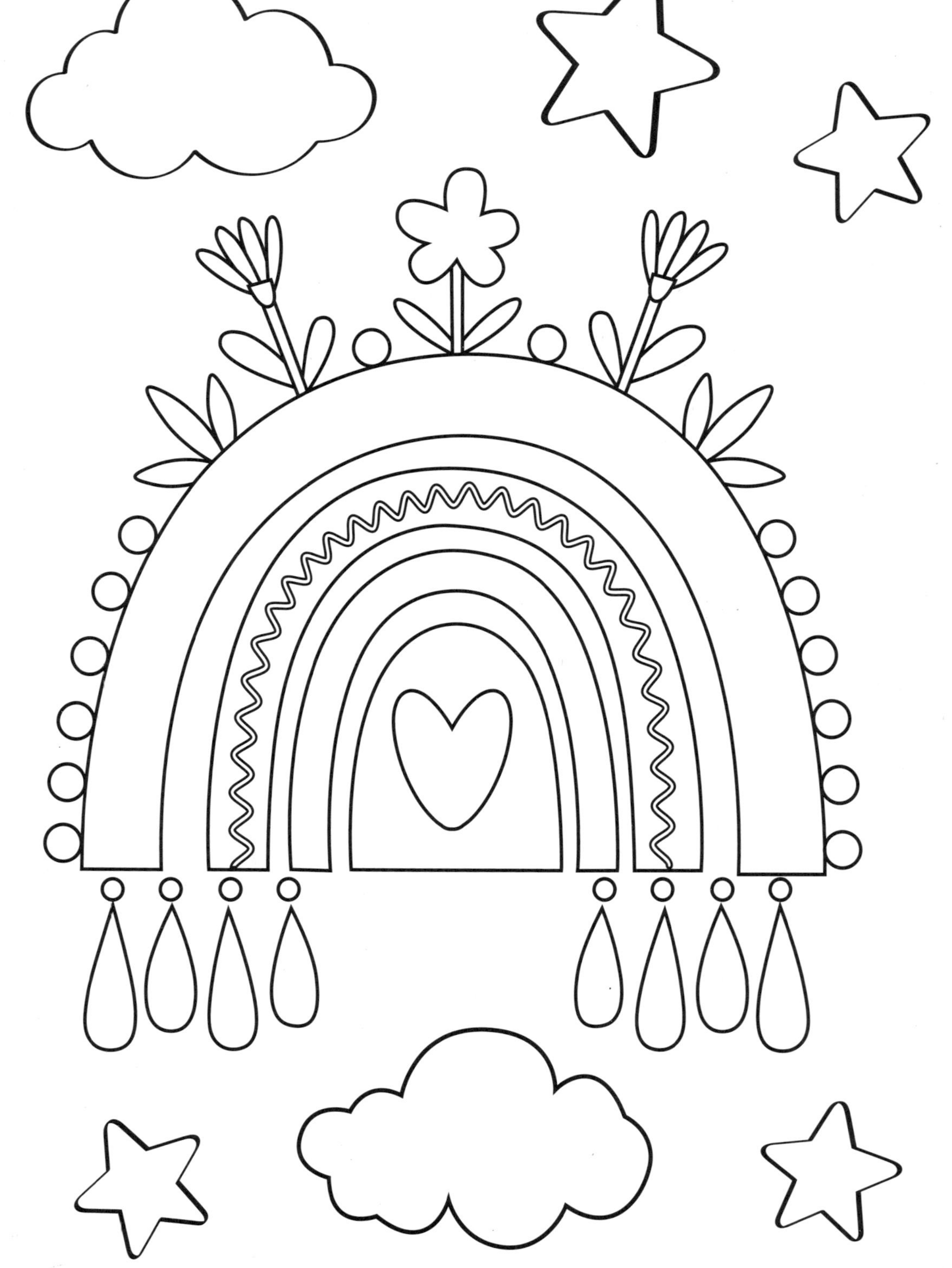

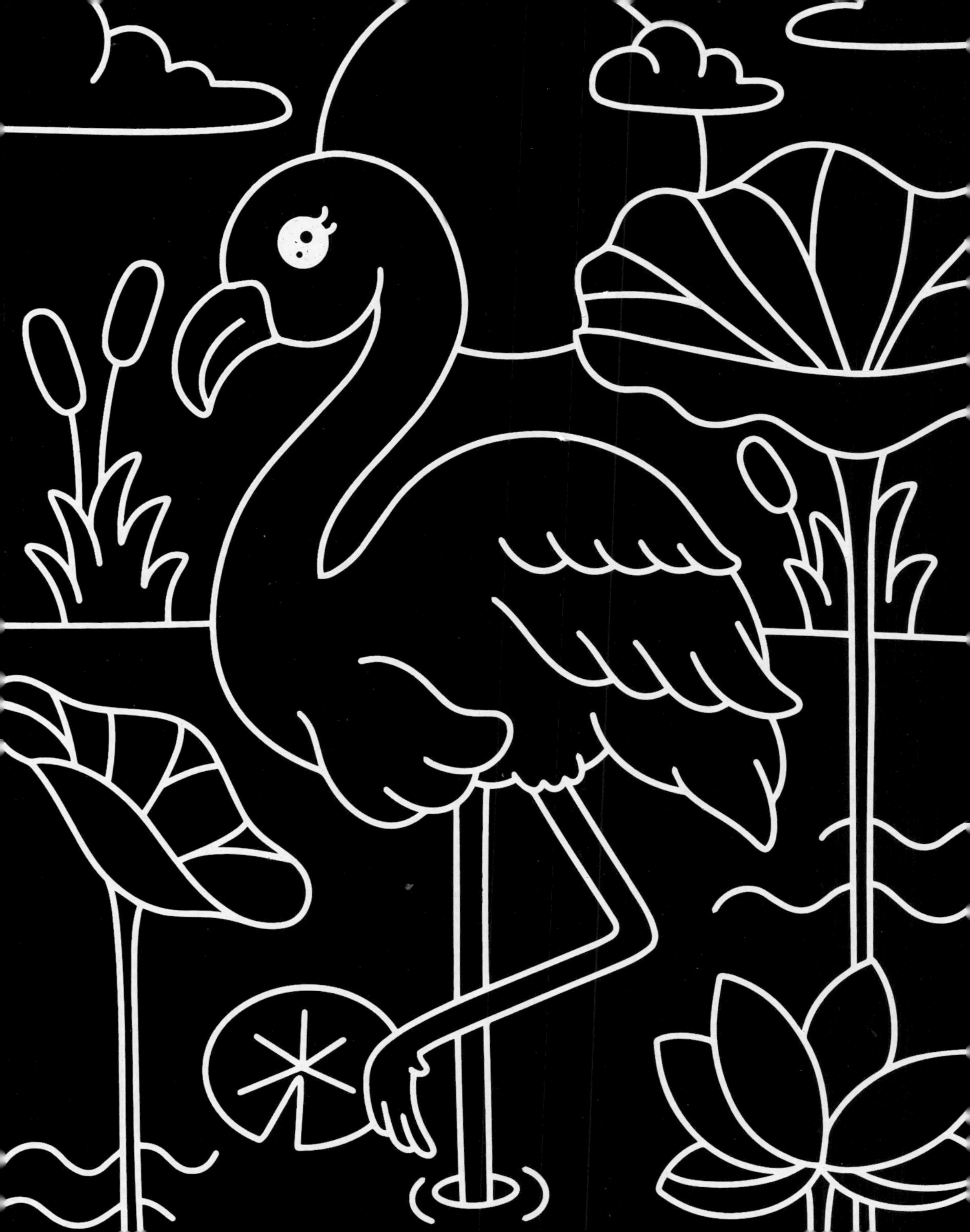

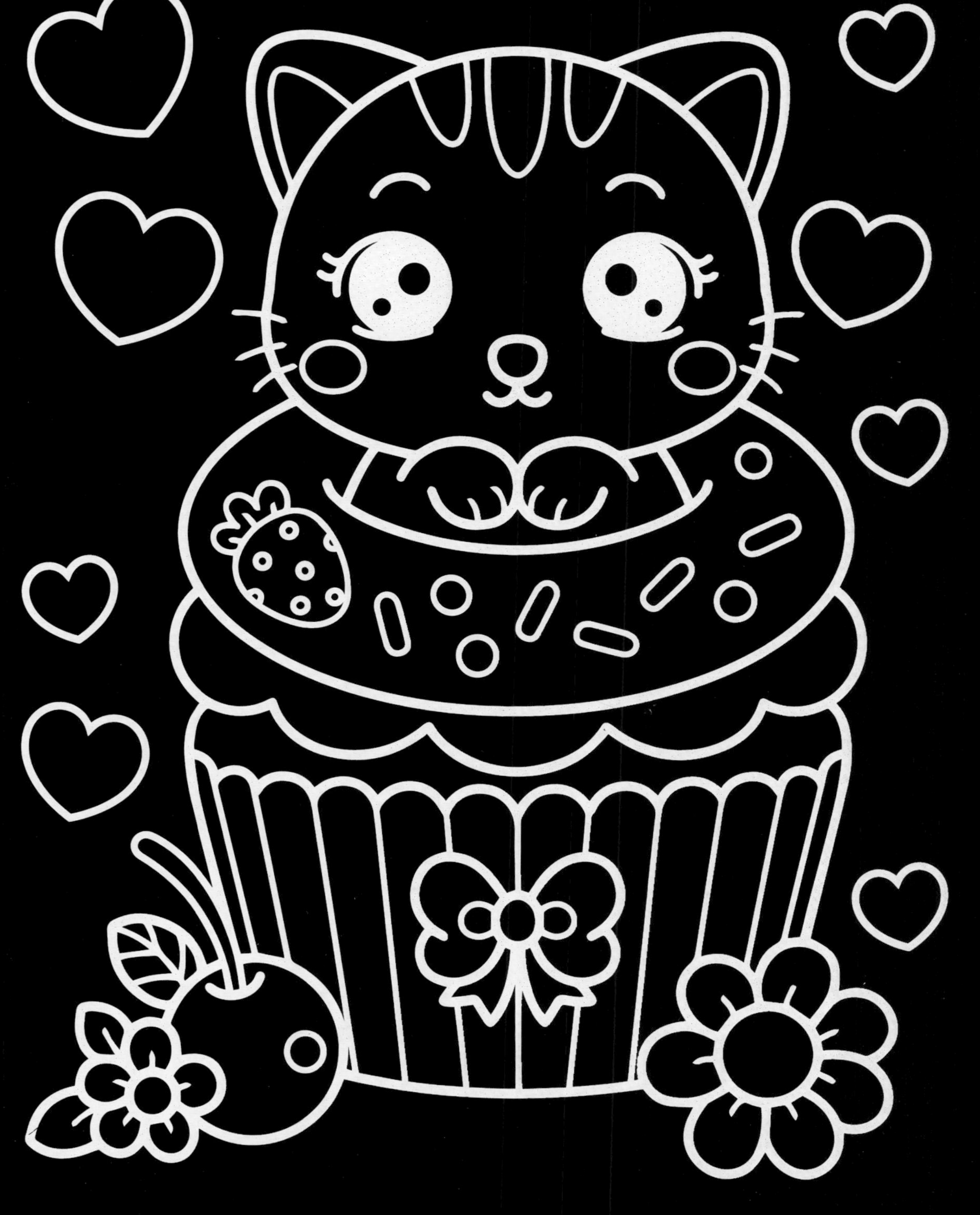

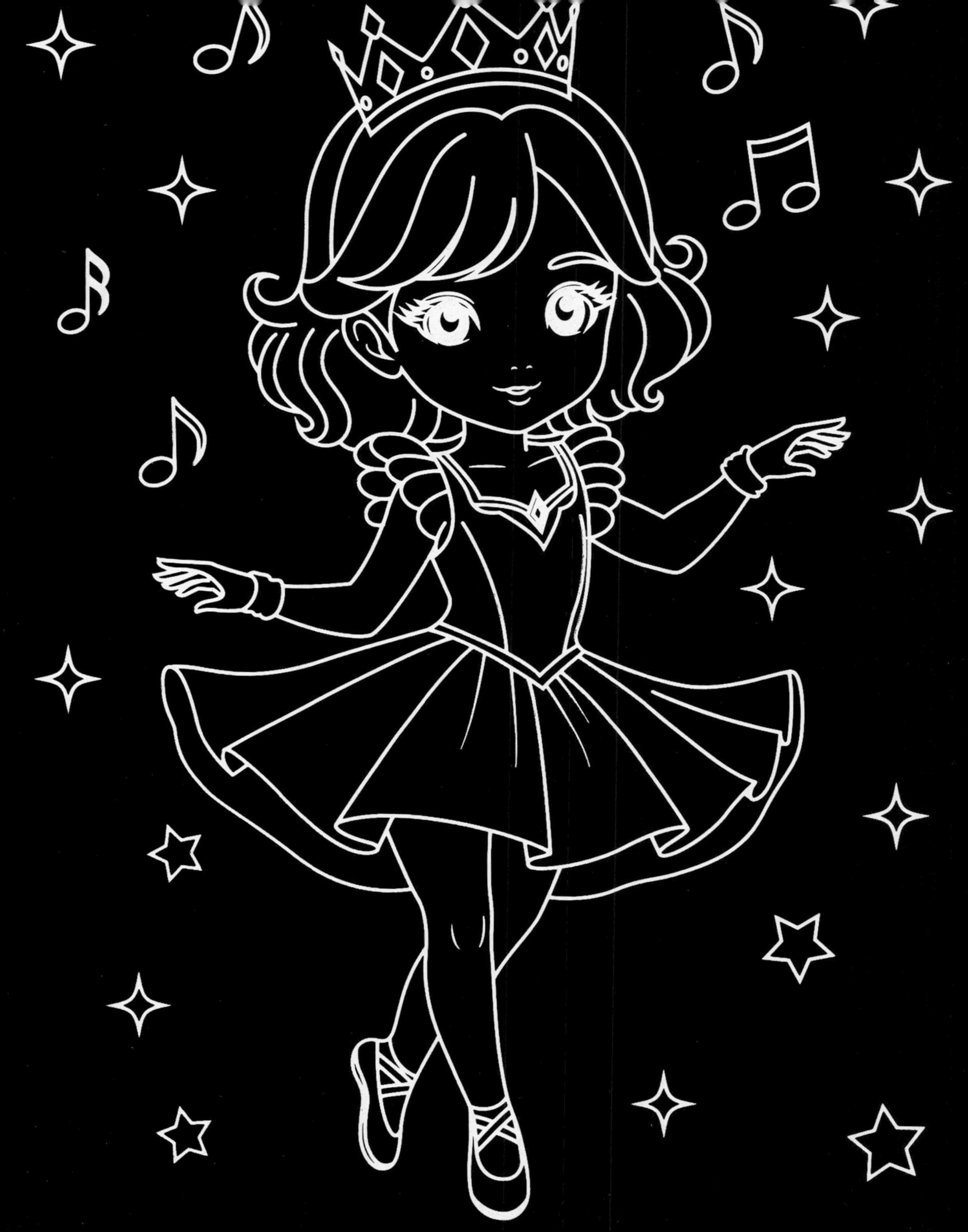

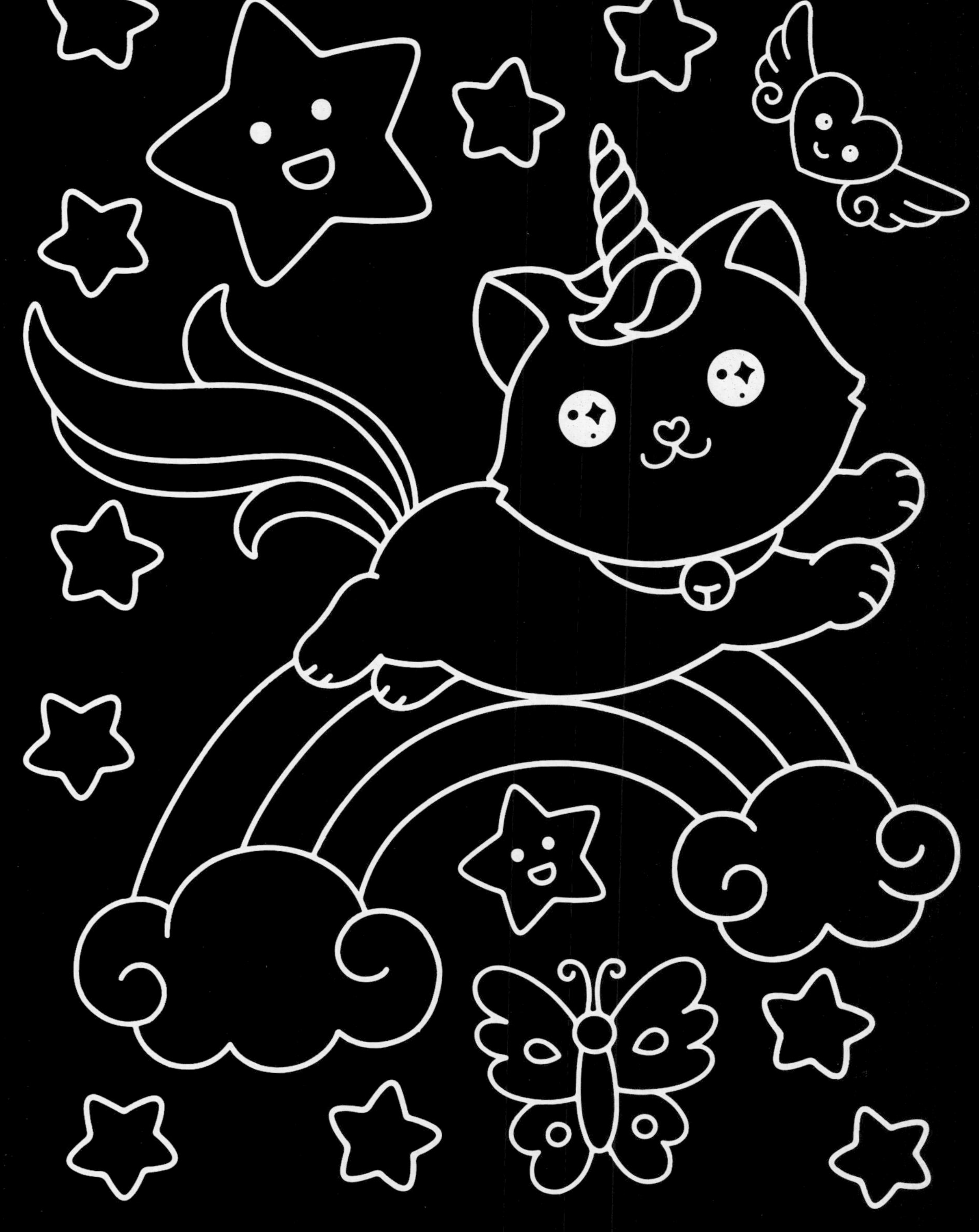

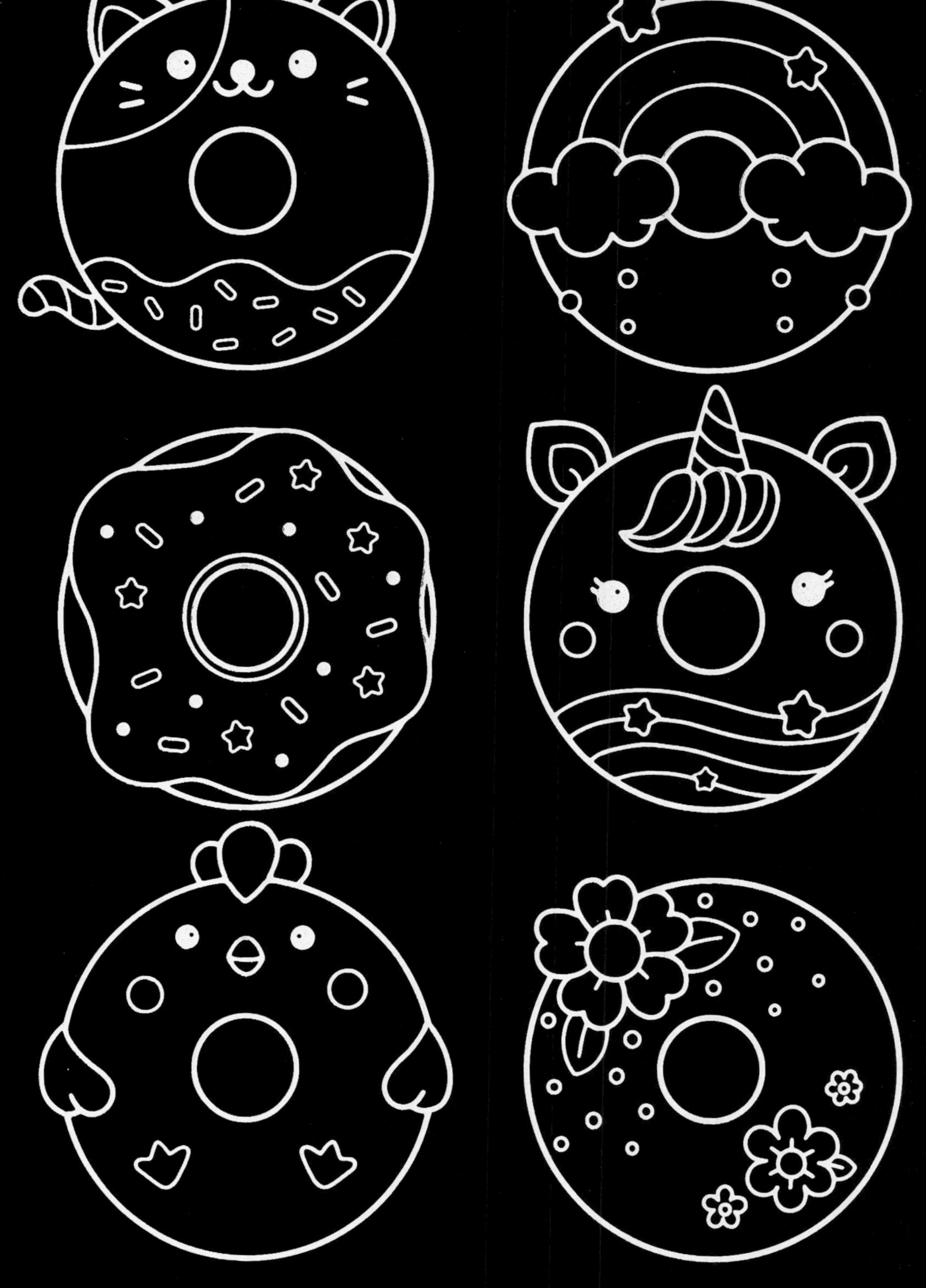

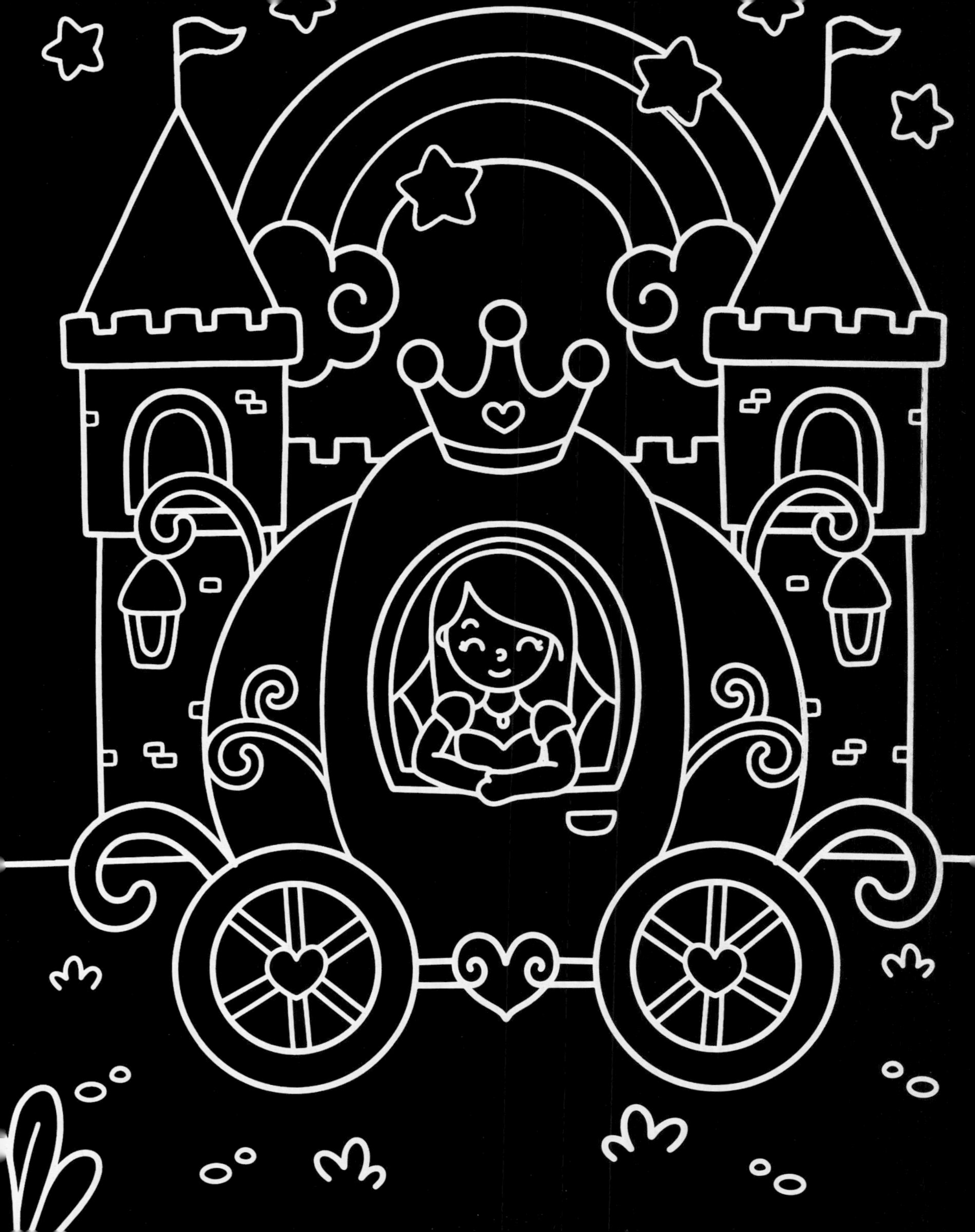

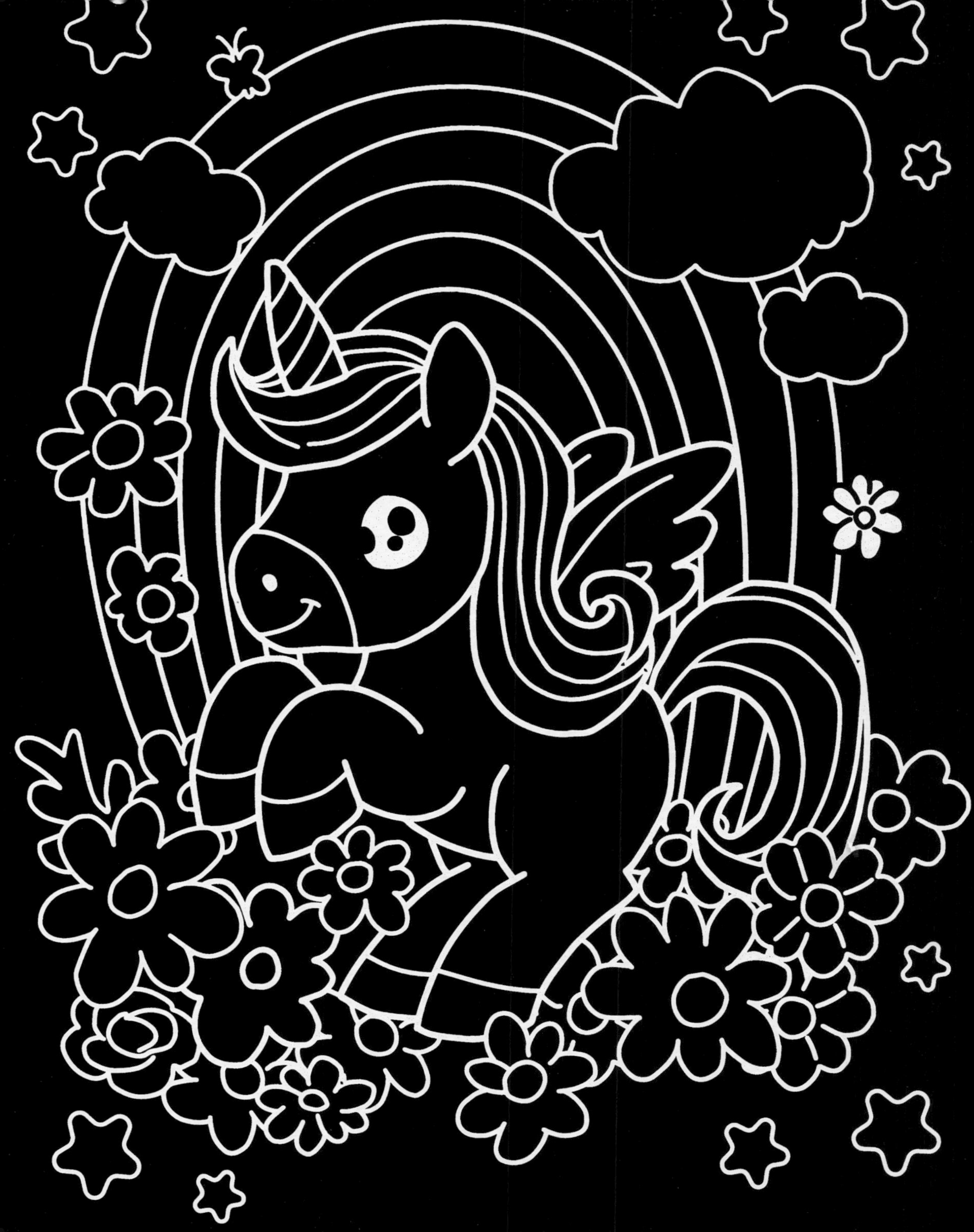

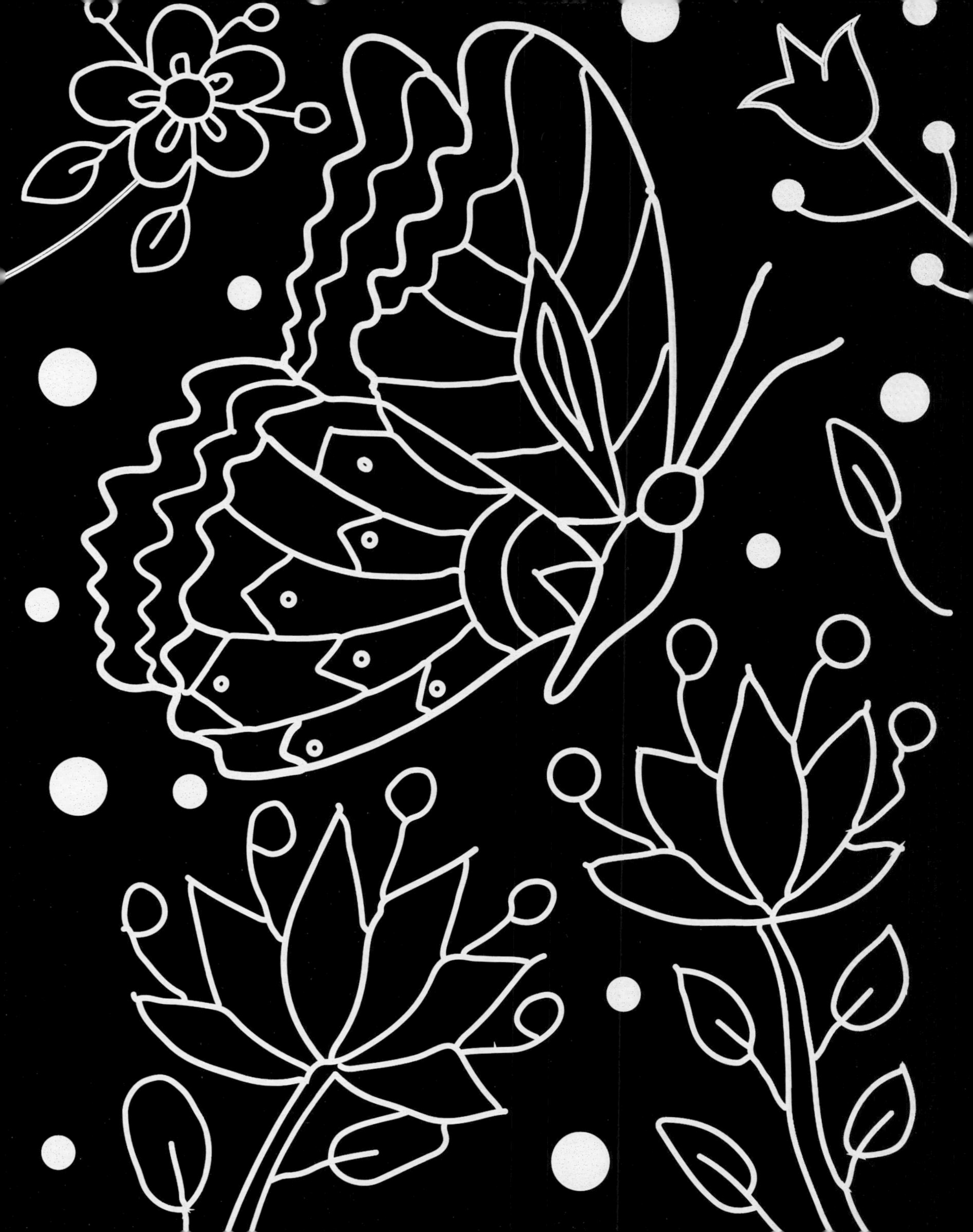